D1727690

Monika Pauderer

Spitzbuam, Schlitzohrn, kleine Gauner

Monika Pauderer

Spitzbuam, Schlitzohrn, kleine Gauner

»Kriminelles«, nicht ganz ernst gemeint

BAYERLAND

*Von Monika Pauderer sind weitere
Geschenkbücherl erhältlich:*

Pfundige Ferien
Für Urlauber und Daheimgebliebene
ISBN 978-3-89251-066-6

Ja, ja, die Weiberleut'
Feine »Spitzen« für Evas Töchter
ISBN 978-3-89251-240-0

Flockentanz und Sternenglanz
Weihnachtliche Geschichten und Gedichte
ISBN 978-3-89251-360-5

Alle Geschenkbücherl Format 12 x 17 cm, 80 Seiten

Unser gesamtes lieferbares Programm und Informationen
über Neuerscheinungen finden Sie unter www.bayerland.de

Verlag und Gesamtherstellung:
Druckerei und Verlagsanstalt »Bayerland« GmbH
85221 Dachau, Konrad-Adenauer-Straße 19

Umschlagmotiv: Gertraud Funke

© Druckerei und Verlagsanstalt »Bayerland« GmbH
85221 Dachau, 2013

Printed in Germany · ISBN 978-3-89251-442-8

Inhalt

Bauernfünfer, Schlitzohren und Gescherte .. 7
Kriminell? 10

A diabische Freid
Der Sockenklau geht um 12
Komplizen 16
Was nix kost' 17
Arbeitsessen 18
Das Dauerhemd 22
Kinder, Kinder! 24
Der Schlüssel zum Glück 26
So a Zumutung!!! 34

Verquerer Verkehr
Saures Strafgericht 36
Auf Verbrecherjagd 38
Fruahjahrsraserei 41

Launige Liebesdramen

Verdächtiger Umstand 43

Gut reagiert 46

Ananastorte mit Effekt 48

»Geglücktes« Versehen 55

Tröstlich 56

Modern Times 57

Mörderisch Guads

Messer, Gabel, Schere – Gift 60

Killing her softly 62

Die Blutspur führt zum Hinterhof! 67

Staub 68

Ma soit nix herleihn 69

Der Schrei in der Dämmerung 71

's Fernsehn is schuld. 77

Vom richtigen Dreh 80

Bauernfünfer, Schlitzohren und Gescherte

Wie würden Sie reagieren, wenn Sie jemand als **»Bauernfünfer«** bezeichnete? Wahrscheinlich etwas beleidigt. Denn was stellt man sich im Allgemeinen unter einem **»Bauernfünfer«** vor? Doch wohl einen etwas einfältigen, um nicht zu sagen dummen Menschen, einen, der vielleicht grad noch bis fünf zählen kann, den man aber nicht ganz für voll nimmt und vor allen Dingen jemanden, den man nicht unbedingt um Rat fragen kann und möchte.

Ganz anders vermutlich wäre Ihre Reaktion, wenn jemand von Ihnen sagte, Sie wären ein **»Schlitzohr«**! Da schwingt doch so etwas wie Anerkennung mit; Respekt vor einer wenn auch nicht ganz astreinen und nicht unbedingt legalen Handlungsweise. Zumindest schätzt man ein **»Schlitzohr«** so ein, dass es sich seiner Haut zu wehren weiß, dass man ihm nicht so leicht die Butter vom Brot nehmen kann …

Ursprünglich hatten die beiden Begriffe eine ganz andere Bedeutung! Im Mittelalter gab es in den Städten Bürgermeister und Gemeinderäte, in den Dörfern aber nicht. Wenn dort eine Entscheidung getroffen werden musste, die das ganze Dorf anging, wurden fünf der klügsten, besonnensten und angesehensten Bauern zum »**Bauernfünfer**« aufgerufen. Diese fünf beratschlagten dann über das anstehende Problem. Was der »Bauernfünfer« beschlossen hatte, wurde vom übrigen Dorf als gut und richtig akzeptiert. Es gehörten nicht immer dieselben Leute zum »**Bauernfünfer**«, aber wer dazu gewählt wurde, stand in Ansehen und genoss den Respekt seiner Dorfgemeinschaft.

Ein »**Schlitzohr**« zu sein war dagegen eine Schande. Denn wenn ein Bauer betrog, in seinen Sack mit Kartoffeln auch tüchtig Erde einwog, unter die Äpfel in seinem Korb faulige mischte, also immer, wo es irgend ging, auf seinen Vorteil aus war (insofern stimmt unser heutiges »**Schlitzohr**« damit beinahe noch überein), wurde dieser Bauer »gekennzeichnet«. Jeder, den man bei so unredlichem Tun erwischte, bekam einen Schlitz ins Ohr geschnitten – als Hinweis darauf, dass er ein unehrlicher Mensch war, dem man nicht trauen durfte und bei dem man besser nichts kaufte. Ein Schlitz im Ohr, manchmal fehlte sogar ein ganzes Stück vom Ohr, das war ein Schandmal!

Nun hätte so ein **Schlitzohr** in seiner Schlitzohrigkeit vielleicht darauf verfallen können, diesen Makel unter längerem Haar zu verstecken. Aber das ging nicht, denn die Bauern waren die »**Gescherten**«. Das heißt, sie durften ihre Haare nur ganz kurz tragen. Langes Haar war den

»Herren« vorbehalten! Und die waren auch die **»Gewappelten«.**

Schon wieder so ein Ausdruck, der in unserer Zeit eine andere Bedeutung angenommen hat. Für uns ist ein **»Gwappelter«** ein mit allen Wassern gewaschener, raffinierter Mensch, der sich überall ins beste Licht zu setzen und herauszureden weiß.

Im Mittelalter wurden damit die höheren Stände bezeichnet, die ein Wappen tragen durften und einen Stammbaum aufzuweisen hatten.

Heute sitzen an manchen Stammtischen die **Gwappelten** mit den **Schlitzohren** beisammen, ein paar **Bauernfünfer** sind auch dabei, und alle sind sie »Herren« und gstandene Mannsbilder, also Männer von Stand.

Von den Damen war hier nicht die Rede, weil die in keine der Kategorien hineingehörten. Damals …

Kriminell?

Im Leben findet man doch schnell
mal irgendetwas »kriminell«:
Da drückt uns einer ganz riskant
beim Überholn zum Straßenrand.
Oft sieht man einen Gegenstand
und wägt ihn prüfend in der Hand.
Man überlegt noch hin und her,
ob er wohl passt und richtig wär? –
da nimmt ihn eine(r) kurz entschlossen.
Wir sehn ihm nach, fast wie erschossen,
und starrn, gebannt auf einer Stell'.
Ist das nicht beinah »kriminell«?
Besonders, wenn sich's so begibt,
dass man den Menschen, den man liebt,
an wen verliert, der schneller »schießt«,
jedoch kaum attraktiver ist,
auch reicher nicht. Nur eben hell.
Auch so was nenn' ich »kriminell«.
Es gibt so manchen Augenblick,
da übervorteilt uns das Glück,
lässt Hoffnungen wie Schnee vergehn
und einfach uns im Regen stehn.
Da braucht man dann ein dickes Fell, –
sonst wird man selber kriminell.
Vom Recht zum Unrecht ist's ein Schritt.
Mancher bekommt das gar nicht mit,

wie rasch vom Weg er abgekommen …
Doch manches, mit Humor genommen,
zählt trotzdem zu den »kleinen Sünden«.
Man kann's vielleicht damit begründen.
dass wir halt alle, ausnahmslos,
doch stammen aus der Eva Schoß.
Und seit verlorn das Paradies
nicht *einer* ohne Sünde is'.
Man halt' nach Möglichkeit sie klein.
Und keiner werf' den ersten Stein,
so wie's die Bibel uns empfiehlt.
Wer gerne mit dem Feuer spielt,
ja, der verbrennt sich manchmal schnell …
Nicht immer wird's gleich »kriminell«.
In diesem Sinne dieses Buch,
in dem ich zu erzähln versuch',
dass jeder Mensch, trotz seiner »Kanten«,
die Prüfung »Leben« hat bestanden,
wenn er – rutscht er auch manchmal aus –,
sich wurschtelt durch und strampelt raus.
Nicht Raub und Mord soll 's Thema sein.
Schon »kriminell« – aber ganz klein.
So wie uns auf dem Honigbrot,
mal eine Wespe stört, »bedroht« –
die nur, in ganz speziellen Fällen,
dann unter »tödlich« ist zu zählen.
Die Angst, die man sich fortgelacht,
am Ende doch Vergnügen macht!

A DIABISCHE FREID

Der Sockenklau geht um

Also gehört habe ich davon schon des Öfteren.
Und auch von mehreren Leuten. Aber so recht
dran geglaubt habe ich eigentlich nie. Bis es mir
selber passiert ist!
Verschiedene Menschen, mit denen ich auf irgend
eine Art und Weise übers Wäschewaschen ins
Gespräch gekommen bin, haben so ganz nebenbei erwähnt, dass ihnen immer wieder einmal ein
Socken abhanden komme. Ein **Paar** sei in der
Wäsche, ein **Stück** dann nur noch zum Aufhän-
gen vorhanden gewesen. Wohin sich der zweite
Socken verflüchtigt habe, das sei unbekannt und
bliebe unerklärlich. Auch bei Waschlappen sei
das Phänomen hin und wieder aufgetreten. Man
sei sich ganz sicher gewesen, drei Stück davon in
die Maschine gesteckt zu haben, habe aber nur
zwei wiederbekommen. Die Suche nach den ver-
schwundenen Einzelsocken (oder Waschlappen)
sei jedes Mal erfolglos abgebrochen worden. Es
gäbe auch keine Deutung für deren Verschwin-
den! Sie hätten sich mir nix, dir nix in Luft aufge-
löst, denn nicht einmal einzelne Faserreste seien
je wieder aufgetaucht.

12

Es gab keinen Hund, den man verdächtigen konnte, dass er sich eines Sockens zu Spielzwecken bemächtigt habe, auch keine sonstigen Haustiere, die dieses Bekleidungsstück einer ihm ungemäßen Bestimmung zugeführt haben könnten. Der Socken – oder auch Waschlappen – blieb verschwunden, tauchte nie wieder auf. Er habe sich nicht irgendwo im Inneren der Waschmaschine verfangen, sei nicht in ein anderes Kleidungsstück gekrochen, etwa in einen Ärmel. Da hätte man ihn ja spätestens beim Bügeln wieder aufgespürt. Die Löcher in der Trommel einer Waschmaschine sind nicht so groß, dass ein ganzer Socken sich dadurch aus dem Staub beziehungsweise dem Wasser machen könnte! Das gelingt meist nicht einmal einem Knopf. Es musste so etwas wie einen Sockenklau geben!

An dieses Fabelwesen habe ich, wie gesagt, nie so recht geglaubt. Und jetzt geht es bei mir auch um! Bei der letzten Wäsche ist ein Socken verschwunden, spurlos und unerklärlich. Ich hatte zwei Paar Socken und eine Strumpfhose mit der Hand zu waschen, nachdem der Hauptanteil der Wäsche zum Kochvorgang in die Maschine gestopft worden war. Zwei Paar Socken und eine Strumpfhose sind im Handwaschbecken schnell herausgewaschen. Ich bin während dieses Vorgangs von einem Telefonanruf unterbrochen worden. Als ich zurückkam, spülte ich meine

Handwäsche und warf sie in die Schleuder, ließ die Trommel rotieren und holte dann das Klümpchen Beinbekleidung wieder heraus. Ein Socken fehlte. Ich tastete die Schleuder innen aus. Nichts. Ich warf einen Blick ins Waschbecken, wo doch schon längst das Spülwasser ausgelassen war und wo mich nur ein leichter Seifenrand grau anlächelte – oder eher angrinste? Keine Spur von einem Socken. Ich sah unterm Waschtisch nach, ich hob die Schleuder von der Stelle, ich beutelte den Lumpen aus, den ich im letzten Laugenbad noch kurz ausgeschwenkt hatte. Kein Socken.

Der Verdacht beschlich mich, dass er, der einzelne, vielleicht durch ein Versehen mit in die Waschmaschine zur Kochwäsche geraten sein könnte und ich machte mich auf ein verfärbtes Oberhemd gefasst, denn meistens passiert so ein Malheur dann bei den besseren Stücken und an Stellen, wo man den dekorativen Farbfleck besonders gut sieht. Der Maschinenwaschvorgang war beendet, ich holte Stück für Stück heraus, schüttelte es aus, drehte es um und um, nirgendwo hatte sich ein Socken verkrochen.

Ich dachte angestrengt nach, ob ich denn tatsächlich vier Stück Socken gewaschen hatte, ob nicht von Haus aus schon einer fehlte. Durch die telefonische Unterbrechung war ich mir nicht mehr sicher. Es konnte ja vielleicht wirklich sein, dass einer noch ungewaschen im Korb liegengeblieben war. Aber auch dort keine Spur von einem Socken.

Ich kroch im Wohnzimmer auf dem Bauch halb unter die Couch, ich wand mich im Schlafzimmer unter die Betten, ich suchte an allen möglichen und unmöglichen Stellen. Der fehlende Socken blieb unauffindbar.

Und dann erinnerte ich mich an eine Geschichte, die in meiner Kindheit passiert war. Wir hatten an einem Bach gespielt und unsere Schuhe und Socken ausgezogen, damit wir im Wasser herumwaten konnten. Beim Heimgehen fehlte mir ein Ringelsöckchen. Obwohl wir alle suchten, konnte es nicht gefunden werden. Hatte es der Bach mitgenommen? Es hatte doch weit genug weg vom Ufer gelegen! Jetzt war es gleich so weit weg, dass es nicht mehr zu finden war.

Und damals, bei dem ersten verliebten Treffen am Waldrand, als wir uns auf seine Decke setzten? Danach fehlte mir auch ein Strumpf.

»Z' Lauterbach hab i mein Strumpf verlorn …«

Der Sockenklau muss schon sehr alt sein, es gibt sogar ein Volkslied über ihn. Was er nur macht mit den ganzen einzelnen Socken, der alte Socken?!

Komplizen

Beim Pfarrhof stehngan d' Birn Spalier,
reif san s' und lockan jetzt: »Probier!«

Da Pfarrer kennt de Pappenheimer
und woaß, sei Arnt waar boid im Eimer.

So stellt er glei a Schuidl auf
und auf des schreibt er deutle drauf:

Leut, krampfelts meine Birnen nicht,
weil unser Herrgott alles siecht!

Am andern Dog, o mei, der Schreck!
De ganzen reifen Birn san weg!

Und auf dem Schuidl drunter steht:
»Er hat's zwar gsehng, verklagt mi ned!«

Was nix kost' ...

An Stuih hab i ghabt,
ganz neu war er nimmer.
Er geht mir im Weg um
und passt ned ins Zimmer.

So hab i mir denkt,
dass wer andrer eahm mog
und stell eahm vor d' Tür.
Da steht er drei Dog.

D' Leut gehngan vorbei.
D' Leut schaung den Stuih o.
Is koana dabei,
der des Trumm braucha ko?

Woin s' 'n gschenkta ned ham?
Hätt er auszeichnet ghört?
So schreib i an Zettl,
dass er zwanzg Euro wert!

Na wart i mit Spannung.
Werd wer den Stuih hoin?
Schaug owe beim Fenster. –
Der Stuih, der war gstoihn!

Arbeitsessen

Es gibt immer wieder Kongresse oder Symposien, auch Vernissagen und Matineen, bei denen neben wissenschaftlichen Vorträgen, Reden und klugen Gesprächen auch etwas zum Trinken und mehr oder weniger große »Häppchen« zum Essen angeboten werden.

Meist kommen zu diesen Anlässen immer die gleichen Leute zusammen. Sei es, weil sie die gleichen Interessen haben, in der gleichen Branche tätig oder durch sonst irgendeine Gleichheit verbunden sind, sei es, weil man jemanden kennt, der jemanden kennt, der dort verkehrt. Im Laufe der Zeit kennen sich alle. Wenn auch nicht immer dem Namen nach, so aber doch vom Sehen. Man nickt sich Grüße zu, wechselt hin und wieder auch mehr oder weniger belanglose Worte und weiß, dass man sich beim nächsten ähnlichen Anlass wieder treffen wird. Vielleicht in anderer Begleitung. Aber sonst ändert sich an der Zusammensetzung dieser »Mit-Esser« kaum etwas.

So wunderte sich auch niemand, wenn dort immer wieder die gleiche Dame erschien. Klein war sie und zierlich, irgendwie wirkte sie sehr zerbrechlich und bisweilen gleichsam so, als wäre sie aus einem alten Bild herausgetreten, aus einer Zeit, die es nicht mehr gab. Vielleicht war sie die Witwe eines früheren Sponsors, eines bedeutenden Mitglieds dieser Vereinigung, oder aber, wenn die Gründung schon länger zurücklag, gar die Erbin oder Tochter des Stifters? Ihren Namen wusste keiner und man zog sie auch kaum ins Gespräch. Sie war da. Bekleidet mit einem hochgeschlossenen, schwarzen Kleid aus zarter Spitze, eine dünne, einreihige Perlenkette um den Hals. Die Hände in schwarzen Spitzenhandschuhen, die sie niemals auszog. Die leuchtend weißen Haare hochgetürmt zu einer Frisur, die längst überholt war und deren Volumen nur durch fremde Haarteile vorgetäuscht sein konnte. Ihr Gesicht war geschminkt, ein bisschen zu heftig sogar. Vermutlich sollten damit die Falten »verspachtelt« werden, das dunkle Rot des Lippenstifts mehr Fülle und Jugendlichkeit vortäuschen ... Das Lippenrot verwischte sich im Laufe des Abends, denn die Dame, die wie eine zerbrechliche Porzellanfigur wirkte, war bei gutem Appetit. Bei so gutem Appetit, dass es gelegentlich auffiel, aber nur ein wohlwollendes Lächeln hervorrief. Sie holte sich immer wieder einen beladenen Teller vom kalten Büfett, voll mit den dargebotenen Köstlichkeiten. Die anderen waren längst des Kaviars, des schottischen Lachses, der buchenholzgeräucherten Forellenfilets überdrüssig. Man griff jetzt lieber nach den Leberwurstbroten, dem angemachten

Presssack oder den Schwarzbrotwürfeln mit dem »anrüchigen« Romadur.

Die »schwarze Dame« dagegen nahm alles, alles, was gut und teuer war. Selten sah man sie mit einem Glas in der Hand. Sie schien weder Champagner noch Whisky noch einen Chablis zu schätzen, sie trank höchstens einen Schluck Mineralwasser.

Sie sprach auch mit niemandem, erwiderte eine kurze Anrede mit einem zarten Lächeln, einem Kopfnicken, um sich dann sogleich wieder dem Büfett und ihrem Teller zuzuwenden. Merkwürdigerweise sah sie aber dennoch selten jemand essen oder kauen. Das heißt, so recht achtete niemand auf sie. Und deshalb fiel es auch niemandem auf, dass sie ihren beladenen Teller immer wieder hinaus in die Garderobe trug, sich kurz umsah und die Köstlichkeiten in diverse verschließbare Schüsselchen umfüllte und diese in eine Plastiktüte schichtete. Sobald das Büfett ausgeraubt, abgeklaubt und zerfleddert war, verschwand die schwarze Dame. Ein paar Minuten später schlich eine unscheinbare Frau in einem ziemlich abgetragenen Persianermantel durch die Drehtür des Hotels, durch die Schwingtür der Galerie, durch die Glastür des Forums, rechts und links beladen mit je einer prallen Plastiktüte mit dem Aufdruck eines billigen Kaufhauses. Jeder, der ihr in der Nähe dieser Tagungsstätten begegnete, musste sie für eine der Aufwartefrauen des dort stattgefundenen Festes, Kongresses, Symposiums, der Vernissage halten.

Ihr waren solcherlei Mutmaßungen egal, denn sie – und ihre zwei Katzen – hatten wieder für mindestens vierzehn Tage den Tisch voller Köstlichkeiten! Bis zum nächsten Kongress.

Erst als das zierliche, spitzenverzierte Porzellanfigürchen aus einer längst vergangenen Zeit, aus einem Bild um die Jahrhundertwende, fehlte, fiel es auf. Man erkundigte sich nach der »Dame in Schwarz«, die immer und überall dabei gewesen war. Unauffällig, aber mit einem gesegneten Appetit! Keiner wusste, wer sie gewesen war.

Sie hatte aber auch niemandem etwas weggenommen …

Das Dauerhemd

Da Opa wenn Geburtstag feiert,
na kemman mia in Not,
weil er uns ollawei beteuert,
dass er scho alles hod!

Er hat koan Wunsch und braucht
                koa Gschenk!
Mia soin des Geld uns sparn.
Es liegat so vui in de Schränk,
ogsammelt in den Jahrn.

Doch ohne irgadoane Gab,
da möcht ma doch ned kemma!
Bis i da moi an Einfall hab,
den derfts ois Beispui nehma:

Fian Opa kaaf i a neus Hemd
und moan, dass eahm des gfoit.
Des weit gnua is, am Kragn ned klemmt,
ganz was Bequemes hoit.

Er schaugt ses o, hat »Dankschön« gsagt
und moant: »Leg ma's in Schrank!«
Weil er de ältern erst auftragt.
I dua's und wui koan Zank.

Jedsmoi, wenn i zu eahm hikimm,
räum zam und putz a weng,
liegt 's Hemd no drin. Sodass i's nimm.
Leicht werd's eahm aa boid z' eng?

Wenn er jetzt was zum Feiern hat,
kriagt er des Hemd von mir.
Zum »Dauerhemd« werd des doch glatt!
Nia kimmt's aus'm Papier.

So dua i, was da Opa wui,
der sagt: »Sparts euer Geld!
Was i no brauch, is nimmer vui.
Es gibt nix, was mir fehlt.«

I spar mei Geld – und hab a Gschenk.
Ob des da Opa spannt?
Glaubts mas, dass i mir da nix denk –
und kaaf ma selm a Gwand!

Er blinzelt manchmoi mit de Aung
und grinst recht broat dabei.
I moan, er duad den Trick durchschaung –
doch mia fahrn guad dabei.

Kinder, Kinder!

Da Molkereibesitzer Richter
hat sieben Kinder, is guad gstellt.
Jeweils am Monatsersten spricht er
mit jedem wegam Taschengeld.
Sei Ältester, des is da Albrecht,
mit achtzehn scho a junger Mo.
Der hat an Führerschein und 's Wahlrecht.
Den redt er glei ois Ersten o:

»Du woaßt, i hab di ned alloanig.
De andern ham des gleiche Recht.
Und mit da Firma steht's grad boanig.
De Konjunktur is a weng schlecht.
Du muaßt ja aa ned davon leben,
vom Taschengeld, vastehst mi scho.
I konn dir heit ned mehra geben.
Doch sag de andern nix davo!«

»Du konnst di scho auf mi verlassen.
I sag zu neamd was, halt mi staad!«
Duad grinsend nach dem Fuchzger fassen.
»Peinlich is's mir wia dir akkrat.
Dabei dua i grad oans mi fragen,
was kriagt da Kleanste na, da Bernd?
Den schickst jetzt gwieß zum Muichaustragen,
damit er 's Gschäft von Grund auf lernt?

24

De Zwilling Vev und Vroni streben
scho nach am eignen Hausstand hin.
I moan, da werst boid Milli geben.
Gfrei di, dass i bescheiden bin!
Denn mit *dem* Taschengeld, da spar i
dir doch 's Benzin fia mein Ferrari!
Zumindest in de nächsten Dog,
bis i dann nach am Vorschuss frag!«

Der Schlüssel zum Glück

Das war ja unglaublich, eine Riesenungerechtigkeit! Ines Seidl schlug mit der Spitze ihres Regenschirms auf die Pflastersteine ein, dass diese Funken gesprüht hätten – wenn sie nicht gerade nach dem letzten Regenguss noch zu nass dazu gewesen wären.

Was die junge Dame so erboste, die da auf spitzen Stöckeln durch die Stadt stolperte, war die Tatsache, dass ihr Chef sie gefeuert hatte. So gut wie. Direkt war die Kündigung zwar nicht ausgesprochen worden und offiziell auch nicht. Aber sein: »Verlassen Sie sofort das Büro!« hatte Ines so aufgefasst. Sie hatte sich ihre Siebensachen geschnappt, die aus ihrer Umhängetasche und dem oben erwähnten Regenschirm bestanden, war in ihren Mantel geschlüpft, hatte die Knöpfe falsch eingeknöpft, doch in ihrem Zorn hatte sie das gar nicht bemerkt, und war unter Türenknallen, was ihr auch nicht so gut gelang, denn die Tür war mit einem sanften Bremser versehen, auf die Straße getreten.

Wohin nun? Nach Hause auf keinen Fall, denn da war Mama sicherlich gerade beim Staubwischen oder -saugen und würde unliebsame Fragen stellen. Es war ja allerhöchste Zeit, dass sie, Ines, endlich eine eigene Wohnung bezog. Doch das

Geld hatte dafür noch nicht gereicht. Und außerdem war es bei Mama bequemer. Das Essen stand auf dem Tisch, wenn Ines nach Hause kam. Ihre Blusen waren gewaschen und gebügelt und wenn einmal ein paar Euro zum Ausgehen fehlten, dann genügte ein bittender Augenaufschlag zu Papa und der schoss das benötigte Kleingeld vor – ohne es jemals wiederzusehen. Wenn man achtzehn ist und gerade angefangen hat, auf eigenen Füßen zu stehen, dann ist das Leben alles andere als leicht. Und jetzt das!

Dabei hatte sie es nur gut gemeint, natürlich. Schuld daran war ihr Hang zum Aufräumen, den sie ganz unbestritten hatte, auch wenn Mama immer das Gegenteil behauptete. Aber wie konnte der Chef auch den Tresorschlüssel einfach so stecken lassen! Jeder, aber auch wirklich jeder hätte sich da bedienen können! Sie, Ines, hatte ihn abgezogen, den Schlüssel, und an sich genommen, das heißt, sie wollte ihn zusammen mit einem Hinweiszettel in einen Umschlag stecken und auf dem Schreibtisch des Chefs hinterlegen. Ausgerechnet in dem Augenblick, als sie den Schlüssel abzog, war der Junior hereingekommen. Schleunigst hatte er ihr den Schlüssel aus der Hand gerissen. »Was machen Sie am Tresor?«, hatte er dabei gezischt, ohne sie überhaupt zu Wort kommen zu lassen. Und dann: »Verlassen Sie sofort das Büro!«

Na ja, und da war sie nun. Hätte sie sich doch

um diesen verdammten Schlüssel überhaupt nicht gekümmert! Was ging es sie an, dass da jeder, der ins Büro kam, Zugang zum Tresor hatte! Sie selbst hätte doch im Leben nichts genommen, auch wenn sie knapp bei Kasse war!

Siedend heiß fiel ihr ein: Was, wenn jetzt wirklich etwas aus dem Tresor fehlte? Dann war auf alle Fälle der Schwarze Peter bei ihr. Wie konnte sie beweisen, dass sie nur zugesperrt hatte, in bester Absicht! Eine total verfahrene Situation. Jetzt fing es auch noch zu regnen an! Und bis Büroschluss, bis sie nach Hause konnte, ohne dass es auffiel, dass sie zu früh kam, waren es noch ein paar Stunden. So ging Ines ins Museum. Dort war es warm, ruhig, es gab Bänke zum Ausruhen und Nachdenken und die Zeit verging auch.

Sie verging sogar sehr schnell, weil Ines in der Wärme ein wenig eingenickt war, sodass sie ein Museumswärter erst aufwecken und darauf aufmerksam machen musste: »Wir sperren jetzt zu, junge Frau! Es ist wohl Zeit, nach Hause zu gehen. Oder haben Sie keines?«

Sah sie so aus? Wie eine Obdachlose? Nein, zum Glück gab es da noch Mama und Papa – und deren unbequeme Fragen, denn jetzt war sie ja viel zu spät dran, um »normal« aus dem Geschäft zu kommen! Sie könnte kurz bei Agnes vorbeisehen, ihrer Freundin, die abends noch in einem Restaurant bediente. Vielleicht fiel da eine kostenlose Tasse Kaffee ab, zur Entspannung und weil sie mit jemandem reden wollte, der sie verstand. Die Eltern waren ja ganz in Ordnung, aber immer gleich auf hundert, wenn mal etwas nicht ganz glatt lief oder ihr etwas passiert war, das »man« nicht tat.

Zuerst einmal, als brave Tochter, die die Füße noch unter den elterlichen Tisch steckte, rief Ines zu Hause an, murmelte etwas von »Überstunden« und drückte das Gespräch weg, bevor die Fragen zu direkt wurden. Zu regnen hatte es aufgehört und die Lichter der Stadt spiegelten sich im nassen Asphalt. Eine Menge Leute waren noch unterwegs, einige hasteten nach Geschäftsschluss zu den U-Bahnen, andere schienen Zeit zu haben, einen Bummel machen zu wollen, sich fürs Kinoprogramm zu interessieren. Kino wäre auch toll, dachte Ines, verwarf den Gedanken aber sofort wieder, dafür hatte sie momentan kein Geld übrig. Sie kam in eine Seitenstraße, wo es ein Lokal neben dem anderen gab, Musikfetzen auf die Straße drangen, lachende Menschen ein- und ausgingen, allein, zu zweit, untergehakt. Autos parkten Stoßstange an Stoßstange. Andere Leute hatten offensichtlich Geld …

Als Ines die Straße überquerte und sich zwischen zwei geparkten Autos durchquetschte, fiel ihr auf, dass an einem Kofferraum der Schlüssel steckte. Schon wieder!

Erst heute Nachmittag hatte sie Ärger wegen eines steckengebliebenen Schlüssels gehabt. Der hier ging sie absolut und überhaupt nichts an! Aber wie leicht konnte das Auto gestohlen werden! Ein schicker, feuerroter Sportwagen war das, so niedrig, dass man mit dem Schuhlöffel einsteigen musste. Vielleicht lag im Kofferraum auch irgendetwas Wichtiges? Warum sperrte man dann nicht ab?

Ines war beinahe böse mit dem Sportwagenbesitzer. Da lässt so ein gedankenloser Heini den Schlüssel stecken und provoziert damit einen Diebstahl, bringt irgendeinen labilen Menschen in Versuchung!

Entschlossen zog Ines den Schlüssel ab. Wohin jetzt damit? Zum nächsten Polizeirevier? Wo war das? Wahrscheinlich viel zu weit für ihre Stöckelschuhe. Aber was dann mit dem Schlüssel, der nun in ihren Fingern brannte. Sollte sie Lokal für Lokal abklappern, um den Besitzer des Autos ausfindig zu machen? Und was hatte sie dann davon? Wahrscheinlich auch nur wieder Ärger, so wie heute Nachmittag im Büro. Falsche Verdächtigungen, dass sie etwas geklaut hatte oder zumindest hatte stehlen wollen. Pfeif drauf! Schon wollte sie den Schlüssel unter den Wagen werfen, doch gleich kamen ihr Bedenken. Dort fand ihn zumindest kein Dieb – der Besitzer aber auch nicht. Seufzend steckte sie den Schlüssel in die Jackentasche.

Also doch zur Polizei. Dauernd handelte man sich Ärger ein, wenn man ehrlich war. Aber zuerst zu Agnes auf eine Tasse Kaffee, obwohl ihr inzwischen ein Teller Suppe lieber wäre.

Das Lokal, in dem Agnes bediente, war bis auf den letzten Platz besetzt. »Du, ich hab jetzt überhaupt keine Zeit für dich«, flüsterte sie Ines zu, als sie mit einem voll beladenen Tablett an ihr vorbeidrängte. »Ich will ja nur einen Teller Suppe!«, murmelte Ines. »Hast du Geld?«, wollte die Freundin wissen. Ines zuckte hilflos die Schultern. Zu Hause wartete ein warmes Abendessen auf sie. Also wieder hinaus auf die Straße, ungelabt und mit nunmehr knurrendem Magen.

Vor dem Lokal stand ein braunhäutiger Mann mit einem großen Strauß langstieliger Rosen. Offenbar traute er sich nicht hinein, vielleicht war er neu in dem Job.

Schon wieder konnte Ines es nicht lassen, sich zuständig zu fühlen, sich einzumischen. »Ich dir helfen«, radebrechte sie, ohne zu wissen, ob der Fremde ihre Sprache so besser verstand. Jedenfalls sah er sie ziemlich zweifelnd an. Kurz entschlossen nahm sie ihm den Rosenstrauß aus der Hand. Das heißt, sie riss ihm die Blumen schon eher aus den Fingern und seinen empörten Aufschrei überhörte sie auch. »Ich komm doch gleich wieder«, versuchte sie ihn zu beschwichtigen und war schon im Lokal verschwunden.

Rosenverkäuferin, ein neuer Job. Wenn sie den bisherigen los war, warum es nicht damit probieren?

Sie ging von Tisch zu Tisch. »Rosen. Schöne, frische Rosen. Das Stück nur ...« Verdammt noch mal, was kosteten die Rosen? Sie hatte keine Ahnung. »Drei Euro«, das war nicht zu teuer. Und bei jedem, der ihr einigermaßen nach rotem Sportwagen aussah, setzte sie flüsternd hinzu: »Parkt Ihr Sportwagen vor der Tür?«

Zufälle gibt es im Leben, die glaubt man nicht, wenn sie einem nicht selber zufallen. Da saß doch tatsächlich der Sohn vom Chef. Ines erkannte ihn erst, als er auf ihre Frage hin zu ihr aufblickte. Am liebsten hätte sie sich zwischen den Rosen versteckt, aber jetzt war die Frage schon gestellt: »Fahren Sie einen roten Sportwagen?«

»Ja«, war die erstaunte Antwort. »Parken Sie hier vor dem Haus?« Wiederum »Ja.« »Dann ist dies wohl ihr Wagenschlüssel? Sie haben ihn stecken gelassen!«

Am liebsten hätte sie noch hinzugefügt: »So wie heute Nachmittag den Tresorschlüssel«, aber der junge Mann war schon aufgesprungen und hatte ihr alle Rosen weggenommen, sah ihr nun tief, viel zu tief, in die Augen. »Das ist meiner! Danke, vielen Dank! Und alle Rosen sind meine, sozusagen als Finderlohn. Was kosten sie?«

Ines kam nicht dazu, die verbliebenen Rosen zu

zählen, ihr wurde ein Fünfzigeuroschein in die Hand gedrückt.

Erst in diesem Moment schien der Juniorchef sie zu erkennen. »Aber Sie sind doch …?«

»Ja, ich bin. Und offensichtlich dazu ausersehen, immer Ihre Schlüssel in Gewahrsam zu nehmen, bevor etwas Unangenehmes damit passieren kann!«

»Aus dem Tresor fehlen tausend Euro!«

»Ich hab sie nicht! Ich hab sie wirklich nicht!«

»Ich weiß. Aber sie hätten fehlen können, wenn Sie den Schlüssel nicht an sich genommen hätten. Bitte verzeihen Sie mir, dass ich Sie verdächtigt habe. Wie kann ich das wieder gutmachen?«

»Mit einer warmen Suppe«, seufzte Ines. »Mein Magen fordert jetzt schon verdächtig laut.«

»Ein ganzes Abendessen sollen Sie haben! Was Sie wollen! Was das Haus zu bieten hat! Fräulein!!!«

Agnes kam an den Tisch, ihre Augen fragten nicht nur nach den Wünschen aus der Speisekarte.

»Später«, blinzelte ihr Ines zu. Aber bevor sie bestellte, sagte sie: »Ich muss den Verdienst für den Rosenverkauf erst noch abliefern. Ich bin nämlich ein ehrlicher Mensch.«

Sie wollte aufstehen, der Junior hielt sie aber am Ärmel fest: »Daran habe ich keinen Moment gezweifelt! Ihnen könnte ich glatt die Schlüsselgewalt übertragen!«

Ines verschob es auf später, über den tieferen Sinn dieser Worte nachzudenken.

So a Zumutung!!!

A Bettler hockt am Firmentor
und woaß, da sitzt er guad.
Denn beinahe alle Dog kimmt's vor,
da wirft da Dokta Hintamoar
fünf Euro in sein Huat!

Dee Einnahm scheint eahm sicher z' sei.
Fast is da Dog scho grett.
A weng a Kloageld kimmt no rei,
er duad ja recht bescheiden sei.
Vui mehra braucht er ned.

Doch oamoi, Herbstzeit is 's scho gwen
und d' Nächt wern langsam koid,
da Hintermoar mecht mit eahm re'n
und bleibt verlegen bei eahm stehn,
wia er sein Huat hihoit.

Da Dokta stottert umanand:
Es daad eahm wirkle leid.
Und dass er nix mehr zahlen kannt,
er braucht sei Gerschtl jetzt beinand:
»Sie wissen scho – de Zeit …«

Sei Sohn, der daad ab jetzt studiern
und auf de Uni geh.
An Grips, den hätt er scho im Hirn!
Am Geldbeitl waar's schwaar zum gspian,
damit daad's arg eng steh ...

Da Bettler schüttelt drauf sein Kopf:
»Sie streichen *mi* ois Posten?
Und lassen Eahnan Buam, den Tropf,
da ärgert i mia glatt an Kropf,
studiern! Auf meine Kosten?«

VERQUERER VERKEHR

Saures Strafgericht

Vom Müller Edi is bekannt:
»Der fahrt wia d' Sau!« Er nennt's rasant
und moant, er duad den Kick hoit braucha.
Sei Herz lacht, wenn de Reifen raucha.

Jetzt ham s', was eahm scho arg scheniert.
im Ort as Tempo reduziert.
Mit dreißge derfat er bloß schleicha!
»Da daadst ja fast a Schneckn gleicha!«

Da Edi hoit se ned oft dro.
Er sagt se nur: »Wer ko, der ko!«
Nimmt ned an Fuaß vom Gaspedal.
Naa, dreißge, des is ned sei Fall!

Doch d' Polizei, de schlaft hoit ned.
Newa da Schui a Schandi steht,
der winkt an Edi glei auf d' Seitn.
Jetzad hoaßt's zoin, da huift koa Streitn.

»Heit ham S' a Glück!« Da Schandi grinst,
wobei er um de Eckn linst.
Zwoa Kinder bringan a Tablett,
auf dem a glaserns Schüsserl steht.

Da drinnat san Zitronaspoitn.
De wern eahm an de Lippn ghoitn
wia a Pistoln. Statt »Hände hoch!«
hoaßt's jetzt: »Beiß ab!« Da Ed gibt nach.

»Pfui Deife!« Er vaziahgt as Gsicht.
»Des is a sauers Strafgericht!«
Freile, an Vorteil hat des scho:
Am Geldbeitl geht's heit ned dro.

De Gschicht hat aa no a Moral:
Besser is 's doch auf jeden Fall,
bist z' schnell gfahrn, in d' Zitrona beißn,
ois wia ins Gras – und 's Handtuach schmeißn.

Auf Verbrecherjagd

Der Aufruf zum Einsatz in den späten Nacht-
stunden war nicht spektakulär: »Brand in einem
Papiercontainer«. Doch die aufgeregten Anwoh-
ner hatten neben der Feuerwehr auch die Funkstreife alarmiert. Man hatte etwas gehört von
Unruhen und Demonstrationen in der Stadt. Und
wer weiß, vielleicht machten sich irgendwelche
Krawaller und Trittbrettfahrer einen Spaß daraus,
auch die friedlichen Leute hier in der Stadtrand-
siedlung aufzuschrecken!
Für die Männer der Feuerwache war es ein Routi-
neeinsatz, der per Schnellangriff bald erledigt war.
Beim Austausch der üblichen Informationen mit
der anwesenden Polizei fragte der Einsatzleiter,
gerade im Hinblick auf die bekannten Unruhen
in dieser Nacht: »Ist das der erste brennende Con-
tainer heute?« Und bekam zur Antwort: »Bei uns
schon. Oder wisst ihr mehr?«
Das Gespräch war kaum beendet, man wollte sich
gerade trennen und zurück zu den Ausgangssta-
tionen fahren, als ein Funkruf der Einsatzleitstelle
kam: »Brennende Mülltonne«. Da sich dieser Einsatz praktisch »um die Ecke« befand, machte sich
die gleiche Mannschaft auf den Weg, gefolgt vom
gleichen Polizeifahrzeug. Denn schließlich könnte
es ja sein, dass sich dort vielleicht irgendwelche

Chaoten aufhielten und für Unruhe zumindest in den umliegenden Tonnenhäuschen sorgen wollten. Nicht zuletzt eventuell deshalb, um möglichst viele Einsatzkräfte von Polizei und Feuerwehr vom hauptsächlichen »Tatort« fernzuhalten. –

Auch das zweite Feuer war in kürzester Zeit gelöscht. Danach teilte der Maschinist dem Fahrzeugführer allerdings mit, dass der Löschwassertank dringend aufgefüllt werden müsse. Es war also erforderlich, in nächster Nähe einen Hydranten ausfindig zu machen, um für mögliche weitere Einsätze gerüstet zu sein.

Die Mannschaft des Einsatzwagens machte sich also auf die Suche nach einem Hydranten. Ein Hauptbrandmeister wurde fündig, trat durch ein Gebüsch am Grünstreifen und rief dem Maschinisten zu: »Da is a Hydrant!« Weil ihn sein Kamerad offenbar nicht gleich verstanden hatte, wiederholte er seinen Ruf ein wenig lauter: »Da is a Hydrant!« und wies Richtung Wasserquelle.

Seltsamerweise flogen jetzt die Türen des Gruppenkraftwagens der Polizei auf und vier Beamte stürmten in die angegebene Richtung! Über diese Reaktion war der Einsatzleiter der Feuerwehr schon etwas erstaunt. Was für ein Interesse konnte die Polizei am Hydranten haben? Er trat also an das Polizeiauto heran und fragte die darin verbliebene Polizeimeisterin nach dem Grund der plötzlichen Hektik.

Mit großen Augen und viel Unverständnis wurde ihm geantwortet: »Ja, Ihr Kollege hat doch gerufen: ›Da ist er hingerannt!‹«

Offensichtlich war bei diesem Polizeiaufgebot keiner der bayerischen Sprache mächtig, denn selbst die bemühte Erklärung des Einsatzleiters konnte die »Verbrecherjagd« nach dem imaginären Brandstifter, mit Nachforderung einer Hundertschaft (!), nicht mehr stoppen.

Vorsichtshalber machte sich die Feuerwehr aus dem Staub, denn dem Feuereifer der »Preißn« ist meist nur schwer Einhalt zu bieten. Zumindest nicht mit Worten – und schweres Gerät einzusetzen, dafür gibt es wichtigere Aufgaben …

Fruahjahrsraserei

Da Woifgang mag 's Motorradfahrn.
Kaum dass de Straßn schneefrei warn,
hat er se in sein Sattel ghebt
und startet durch, dass 's Pflaster bebt.

Wia er grad durch an Woid duad sausen,
dass d' Baam am Wegrand nur so brausen,
kimmt eahm a Vogl in die Quere,
prallt ans Visier: »Habe de Ehre!«

Da Woifgang tritt auf d' Bremsn nauf,
steigt ab und hebt den Vogel auf.
Weng damisch war der, kaum verletzt.
In d' Jackentaschn steckt er 'n jetzt.

Dahoam hat er im Keller drunten
an oidn Voglkäfig gfundn.
Da nei duad er den Vogl geben,
stellt Wasser und aa Brot daneben.

Wia na der Amselhahn nach Stunden
hat sei Besinnung wieder gfundn
und spannt, dass er im Käfig hockt,
da war der Vogl scho recht gschockt.

Er schaugt se um: »O mei, o mei!
Ois Mörder sperrt ma mi da ei,
bei Wasser und bei trocken Brot.
Der Mensch is, scheint's, durch mi jetzt tot!

Dabei hab i den doch grad gstriffa!
I war hoit z'schnell. Hab's scho begriffa.
Ob's fia an Amselmo, der liebt,
ned aa mildernde Umständ gibt?

Ob mi des Amselweiberl Lou,
fia des i des doch alles tu,
da oamoi bsuacht? A Würmerl bringt?
Ob s' ned a andrer scho osingt?
Ma tauscht fia d' Fruahjahrsraserei
doch ollawei grad Ärger ei!«

LAUNIGE LIEBESDRAMEN

Verdächtiger Umstand

Es klagt Mathilde Siebenschwer:
»Ein neuer Kleiderschrank muss her!
Der alte, der ist viel zu klein,
da bringe ich fast nichts mehr rein!«
So geht sie in ein Möbelhaus
und sucht sich einen neuen aus.
Zum Selbstbau war das ein Modell.
Man sagt ihr aber, 's ginge schnell,
problemlos auch für Frauenhand.
Mathilde nämlich hat bekannt,
ihr Gatte hätt' zwei linke Händ',
dann käm' er nur am Wochenend',
weil er Versicherungsvertreter,
ihr Mann, der Siebenschwer Hans-Peter.
Doch weil es mit dem Schrank pressiert,
sagt sie, dass sie es selbst probiert.
Woraufhin der Verkäufer nickt:
»Ich denke schon, Sie sind geschickt.
Und ist der Aufbau doch zu schwer,
dann schicken wir einen Monteur.«
Die Kosten müsst' sie freilich tragen …
Man bringt die Bretter ihr zum Wagen.

Voll Freud' fährt sie damit nach Haus,
packt alles aus der Folie aus,
fängt an zu passen, nageln, schrauben.
Bald steht er da, 's ist nicht zu glauben!
Jetzt noch die Böden eingelegt,
wobei der Schrank sich leicht bewegt.
Sie schiebt ihn an die Wand heran.
Vorm Haus rumpelt die Straßenbahn,
sie schrammt dort kreischend rum ums Eck.
Der Schrank, der zittert wie erschreckt.
Die Wand ergreift starkes Vibrieren.
Der Schrank stöhnt auf in den Scharnieren.
Von unten her erneutes Schrammen. –
Da sinkt der Schrank in sich zusammen.

Frau Siebenschwer hat gleich empört
sich bei dem Möbelhaus beschwert.
Und dieses schickt auf eins, zwei drei
tatsächlich den Monteur vorbei.
Der baut den Kasten wieder auf,
setzt sich hinein: »Ich warte drauf,
wie er bei *mir* jetzt reagiert,
wenn wieder eine Tram passiert.«
Wie er sich's drin gemütlich macht
(die Uhr steht etwas über acht
und Feierabend hätt' er schon,
ja, das gibt Überstundenlohn!),
der Wohnungsschlüssel wird gedreht
und jemand durch die Diele geht.

Ein Mann ruft: »Schatz, ich bin zurück!«
Den neuen Schrank erspäht sein Blick,
er öffnet neugierig die Tür
und ruft erbost: »Was macht *der* hier?
Das kennt man nur aus schlechten Witzen,
dass Liebhaber in Schränken sitzen!«
Mathilde will noch was erklären,
sich der Verdächtigung erwehren.
Hans-Peter käme viel zu früh!
Voll Ärger unterbricht er sie:
»Was lügst du mir denn ins Gesicht?
Was macht da drinnen denn der Wicht?«
Da stottert aus dem Schrank der Mann:
»Ich warte auf die Straßenbahn!«
Das bringt ihm einen Faustschlag ein.
Diensteifer kann gefährlich sein.
Das beste Argument nicht sticht,
wenn das Indiz dagegen spricht! –

Gut reagiert

Die Insel, die auf Stelzen steht,
von der nach Öl man bohrt,
wellenumtost und sturmumweht,
ist sicher nicht der Ort,
wo man sich amüsieren kann.
Dort ist's ein harter Job,
käm' ab und zu und dann und wann,
wenn 's Meer nicht gar zu grob,
das Boot mit Vorräten und Post,
mit mancher Neuigkeit.
's bringt Unterhaltung dann und Trost,
kommt stets zur rechten Zeit.

Für Leo ist ein Brief dabei
von seiner Braut Helene.
Sie ist seit einem Jahr ihm treu,
die Gute, Liebe, Schöne!
Erwartungsvoll öffnet er ihn.
Sie wird ihm zärtlich schreiben.
Dann aber setzt er blass sich hin.
»Nicht länger soll's so bleiben«,
schreibt sie, »es geht mir auf den Geist
auf Dich die Warterei.
Mit uns ist's aus, dass Du's nur weißt!
Um eins noch bitt ich frei:
Schicke das Bild von mir zurück,

46

das ich Dir anvertraut.
Ich fand mir schon ein andres Glück,
bin nimmer Deine Braut!«
Erst war der Leo arg verstört,
dann fiel ihm etwas ein.
Hat bei dem Team sich umgehört,
fragt: »Freunde, könnt' es sein,
dass ihr mir eure Fotos borgt
von Tochter, Freundin, Frau?
Ihr kriegt sie wieder, unbesorgt!«
Seine Idee war schlau:

Ein Bündel Bilder schickt er aus,
schreibt dazu an Helenen:
»Such Dir Dein eignes Bildnis raus.
Denn welches nun von jenen
Dein Abbild zeigt, weiß ich nicht mehr.
Du selber wirst es kennen.
Die andern sende wieder her,
denn ich will mich nicht trennen
von Fotos mit Erinn'rungswert.
Das wirst Du doch verstehen.
Drum nimm nur das, das Dir gehört,
und lass es gut Dir gehen!«

Ananastorte mit Effekt

»Sagen Sie, Frau Bayerl, ham Sie vielleicht a größere Familie zu Haus?« Der Kollege vom Nachbarbüro steckte seinen Kopf durch die Tür.

Fini Bayerl lachte. »Naa, konn ma ned grad sagen. Mei Mo und i, mia san alloa. D' Kinder san scho lang erwachsen und wohnan wo andast. Warum?«

»Mei«, sagte Felix Apfelböck und kam jetzt ganz herein, »mir is jetzt grad was Komischs passiert!«

Fini legte den Stapel Akten von der einen Seite auf die andere und machte somit Platz auf ihrem Schreibtisch für die papierene Tragetasche, die Felix nun dort abstellte. »Des is für mich an der Pfortn drunten abgeben worden.« Er zog die Henkel der Tasche auseinander.

Fini Bayerl erhob sich halb von ihrem Sitz, um in die Tüte hineinzusehen. »Ja, des is ja a Tortn! Schaugt guad aus. Ananas und vui Schlagrahm. Was is da so komisch dro?«

»De hat, wia gsagt, jemand drunten beim Pförtner abgeben. Und a Zettel is aa dabei, wo drauf steht: ›Lass Dir's gut schmecken! Mit einem schönen Gruß vom Asparagus!‹ I kenn doch neamads, der Asparagus hoaßt und der mir a Tortn schickn kannt! Was fang i jetzt damit o?«

»Oiso, wenn s' fia Sie abgebn wordn is, dann werd s' scho fia Sie sei«, glaubte Fini Bayerl.

»Aber i konn doch nia alloa a so a Trum Ananastortn ... Mögn S' ned a paar Stückl mit hoamnehma? Aa wenn S' koane Kinder mehr ham, de de wegessen kanntn.«

In diesem Moment kam der Chef aus dem Nebenzimmer. »Gibt's irgendwelche Probleme?«

»Probleme ned direkt«, antwortete Fini Bayerl. »Der Herr Apfelböck hat eine anonyme Spende kriagt und woaß jetzt ned, wohi damit.«

»Spende? Was heißt da Spende! Sie wissen doch, dass Sie im Amt nichts annehmen dürfen!«

»I hätt's ja aa ned angnommen, wenn's ned scho zu spät gwesen war!«, verteidigte sich Apfelböck.

»Der Pförtner hat's für mich entgegengenommen und ich weiß ned, wem ich's zurückgeben könnt.«

»So a ›Spende‹ konn ma aa ned zruckgeben«, stellte Frau Bayerl fest. »Bis der Herr Apfelböck festgestellt hat, von wem die Gabe kommt, dawei is's schlecht.«

Jetzt schaute auch der Chef in die einladend hingehaltene Tüte. »Ananastorte!«, sagte er dann und man hörte förmlich, wie ihm das Wasser im Mund zusammenlief.

»Mögen S' a Stückl?«, hakte Apfelböck darum gleich ein.

»Also, das ist richtig. So eine Gabe kann man nicht zurückgeben, noch dazu, wenn man nicht weiß an wen.«

»Ich könnt ja einen Kaffee kochen«, schlug Fini Bayerl vor und sah den Chef abwartend an. Sie wusste, einer guten Tasse starken Kaffees konnte er nur selten widerstehen.

»Gut«, räumte er darum auch gleich ein. »Machen wir Kaffeepause. Aber auch zu dritt können wir der Torte kaum Herr werden. Wenn es Ihnen nichts ausmacht, Herr Apfelböck, wo Sie sozusagen der Besitzer dieser Köstlichkeit sind, dann bin ich damit einverstanden, dass wir die Kolleginnen und Kollegen aus unserer Abteilung ebenfalls einladen. Machen Sie doch gleich ein paar Tassen Kaffee mehr, Frau Bayerl. Gönnen wir uns allen einmal eine halbe gemeinsame Stunde. Man sieht sich sonst ja sowieso nur dienstlich und das nicht einmal jeden Tag.«

Damit hatte er recht, denn die Abteilung, der er vorstand, verteilte sich über die Hälfte eines Stockwerks und in jedem der acht Zimmer saß ein einzelner Mensch an seinem Schreibtisch, vor seinem Computer. Jeder hatte natürlich auch ein Telefon und wenn etwas mit den anderen zu besprechen war, dann griff man eher zum Hörer, als sich von seinem Platz zu erheben und ein paar Schritte zu gehen. Fini Bayerl hatte einmal bemerkt: »Wir hocken hier wie in Einzelhaft. Jeder in seiner

›Zelle‹. Also, bei uns gibt es bestimmt keine Massentierhaltung.«

»Und auch keinen Klatsch und Tratsch«, hatte der Chef hinzugefügt, der selbst nur aus seinem Büro ins Vorzimmer kam, um eine besprochene Kassette zum Schreiben herauszubringen. So eine Kaffeepause mit Torte war also schon etwas Besonderes.

Felix Apfelböck ging gleich selber von Raum zu Raum und lud ins Vorzimmer ein, wo Frau Bayerl den zweiten Schreibtisch leergeräumt und mit ein paar bunten Papierservietten ein bisserl ansprechender hergerichtet hatte. Geschirr war zwar nicht genug da, aber jeder brachte auf Anweisung von Felix seine Tasse, seinen Teller und seinen eigenen Löffel mit. Dann ging's ans Aufteilen der Ananastorte. Bei acht Personen bekam jeder ein extra großes Stück. Der Kaffee war auch so, wie ihn der Chef mochte, stark und heiß. Zuerst war man noch ein wenig befangen, denn so recht kannte man sich ja nicht. Ein Gruß am Morgen, wenn man sich im Treppenhaus oder im Lift traf. Kaum eine Bemerkung, wenn man einmal im Flur aneinander vorbeiging, und abends, nach Dienstschluss, auch oft nur ein kurzes Kopfnicken und der gemurmelte Wunsch: »Schönen Abend!«

Die Torte war wirklich ausgezeichnet, sehr frisch. Der Biskuitboden locker und luftig, die Ananasfüllung ein wenig mit irgendetwas Alkoholischem

getränkt und der Schlagrahm üppig – und sätti-
gend! Aber weggeputzt wurde sie bis auf den letzten Krümel. Und ein fröhlicher Schwatz war auch
noch dabei herausgekommen. Man stellte wieder
einmal fest, dass man sich ja eigentlich ganz sym-
pathisch war und beschloss, vielleicht doch so hin
und wieder auf einen kleinen Ratsch ins Nach-
barzimmer zu gehen, wenn es die Zeit erlaubte,
und nicht immer nur einsam auf den eigenen
Bildschirm zu starren. Ein Rätselraten gab es
natürlich darum, wer denn nun der Spender oder
die Spenderin der Köstlichkeit sein könne, und
Felix musste sich manche Spöttelei und heitere
Verdächtigung anhören. Von seinem Privatleben
wusste man so gut wie gar nichts. Vielleicht würde
er jetzt, wegen der Torte, einige »süße« Geheim-
nisse lüften? Doch er beteuerte immer wieder,
dass er sich absolut nicht vorstellen könne, woher
die Torte käme. So nebenbei warf einer ein, dass
es sich vielleicht um eine Namensverwechslung
handeln könne. Es gäbe im unteren Stockwerk
einen Kollegen, der hieße Appelhöck, aber der
wäre schon seit einiger Zeit nicht mehr gesehen
worden. –
»Also wenn die Torte wirklich dem Appelhöck
gehört hat und der ist nicht da, weil er vielleicht
krank ist, dann hätten wir ihm dieses diffizile
Gebäck auch nicht aufheben können. Es wäre
spätestens morgen nicht mehr genießbar gewe-

sen«, wischte der Chef alle Überlegungen vom Tisch. »Und jetzt, Herrschaften«, er klatschte in die Hände, »zurück an die Arbeit!«

Man sammelte sein Geschirr zusammen, erhob sich, etwas widerwillig, es war so gemütlich gewesen und man war ja nun auch pappsatt, aber dann leerte sich das Vorzimmer doch. Frau Bayerl stellte die alte Ordnung wieder her, der Chef hatte schon längst seine Zimmertür hinter sich geschlossen.

Keine Stunde später begegnete man sich immer wieder auf dem Flur. Der letzte Raum, der kleinste Raum am Ende des Ganges, wurde heftigst frequentiert. Jeder hatte hier plötzlich ein unaufschiebbares Geschäft zu erledigen. Man gab sich die Klinke in die Hand, man musste sogar die gleichartigen Kabäuschen in den darüber und darunter liegenden Stockwerken aufsuchen. Die Ananastorte zeigte eine durchschlagende Wirkung!

War man einem Attentat zum Opfer gefallen? War es ein heimtückischer Angriff auf die Behörde, auf diese Abteilung des Amtes? Mitnichten. Die Aufklärung kam, allerdings erst zehn Tage später, als sich die Gemüter – und Verdauungstrakte – längst wieder beruhigt hatten.

Die Torte war doch für den Kollegen Appelhöck bestimmt gewesen. Der hatte seit einer guten Woche gefehlt, weil er ein blaues Auge hatte und sich damit nicht blicken lassen wollte. Eine kleine Auseinandersetzung wäre da gewesen, sagte er. Ein Bekannter – »so ein Schlawiner, so ein ausgschamter« – hatte ihm die Freundin ausspannen wollen. Ein Mädchen mit dem Namen Lilo Spargel, der – wie jeder Lateiner wisse – botanisch Asparagus heiße. Und die falsche Katz hätte sich plötzlich hinter den anderen gestellt und aus Rache, weil er ihren Spezl so aufgemischt hatte, die Ananastorte gebacken und mit flüssigem Abführmittel versetzt. Daher der leicht »alkoholische« Geschmack. »Aber«, gab Günter Appelhöck unumwunden zu, »i hätt de Tortn aa probiert und wahrscheinlich in meiner Abteilung verteilt. Denn dass i so oana Tortn ned widerstehn kann, des hat s' gwusst, de Lilo. I hätt wahrscheinlich dabei angnommen, dass des a Versöhnungsgschenk is! Jetzt lad i euch zur Wiedergutmachung zu mir in mein Garten ei. Zu Kaffee und Ananastorte«, setzte er noch blinzelnd hinzu. Aber da winkte jeder ab.

Es gab dann auch keine Torte, sondern eine zünftige Brotzeit mit Wurstsalat und selbstgezogenem Radi.

Seitdem gehen die Leute in *dem* Amt nimmer so einfach aneinander vorbei, wenn sie sich am Gang oder sonst wo treffen.

»Geglücktes« Versehen

A Mo stürmt rei in d' Drogerie,
haut mit da Faust auf d' Thekn hi
und schreit, dass d' Stimm se überschlagt:
»Wer war's? Wer war's? So hab i gfragt,
der meiner Frau, ihr kennt ses scho,
draht an Sekundenkleber o,
wo sie a Zahnpasta verlangt? –
Dem hätt i gern von Herzen dankt!
Sie hat aufs Etikett ned gacht.
Der Kleber wirkt guad über Nacht.
Heit bringt s' de Zähn ned ausanand!
Der Zuastand is fei richtig gwandt!
So friedle is s' jetzt, meiner Seel.
Zoagts ma den »Übeltäter«, schnell.
An Zwanzger soit des wert mir sei!«

Da Lehrling Stofferl schiabt se rei.
Vo dem is ma so Fehler gwohnt.
Doch der, der hat se wirkle glohnt!
Da Herr Provisor schaugt weng gsprengt
und hat ganz hoamle bei sich denkt:
»'s war eigentlich ja *mein* Versehen.
Jetzt ist's zu spät, das zu gestehen!
Der Einspruch kann nun kaum noch gelten.
Tja, so ›geglückt‹ ist manches selten!«

Tröstlich

Zur Liesi kimmt ihr Freindin, d' Lene,
und de fragt glei: »Wo is da Bene?
Sonst flackt er doch am Kanapee!
Duad der jetzt gar in d' Arwad geh?«

»Mei«, sagt drauf d' Lies, »der is vaschwundn.
Und ned erst seit so drei, vier Stundn!
Üwa an Monat wart i scho,
dass er boid wiedakimmt. Da Mo
woit grad um Zigaretten geh …«

»Dees«, moant de Lene, »is ned schee,
dass er di so duad warten lassen.
Ja, so was konn ma fast ned fassen!
A Unglück is des freile ned,
was se ja fast vo selm vasteht.

Drum denk da nix, jetzt bin i da!
Du woaßt, dei Sortn rauch i aa.
I huif dir mit Zigretten aus,
bis dass dei Mo kimmt wieder z' Haus!«

Modern Times

Auf des Turmes Söller oben,
wo im Herbst die Stürme toben,
heult die edle Frau Babette
mit dem Schlosshund um die Wette.

Denn ihr Herr, der Ritter Gunther,
lässt die Brücke nicht mehr runter,
hält im Stall ihr weißes Pferd,
hat ihr alle Schecks gesperrt!

Ach, was war denn ihr Vergehen?
Darf die Freundin nicht mehr sehen!
Kann sie niemals mehr erreichen.
Auch das Handy tat er streichen!
Dabei war's nur seinetwegen!
's kam doch *seinem* Wunsch entgegen!

Denn bei einer Modenschau
hatte sich die hohe Frau
etwas modisch aufgepeppt.
Und nun war er eingeschneppt!

Homeshopping war's nur gewesen!
Öfter kann man davon lesen,
teils sogar im Bistumsblatt!
Auf der Nachbarburg fand's statt.

Fröhlich ging es dabei her.
Man probierte »Underwear«.
Was man halt beim Ritterstand
unter Damenröcken fand:

Ein Dessous besondrer Art,
zwar recht unbequem und hart,
aber, wie die Show bewies,
schick und modisch. Einfach süß!

Hier ein zarter Gitterbogen.
Dort ein Kettchen durchgezogen.
Da ein Glöckchen angebracht.
Für die kalte Winternacht
gar auch noch mit Pelz verbrämt!

Betty hat sich nicht geschämt,
dies im Kreise vorzuführen.
Doch dann kam es ihm zu Ühren!
Hat sie auf den Turm gezerrt
und das Ding noch abgesperrt!

Ach, die Welt ist ungerecht!

Horch, da naht der Pferdeknecht,
der für *alles* Schlüssel hat!
»Schöner Jüngling, du weißt Rat!
Nimm mich mit ins warme Ställchen
und dann zeig ich dir das Fellchen
und das neueste Modell!
Komm, beeil dich! Mache schnell!«

Durch den kalten Rittersaal
wandelt knurrend der Gemahl,
der die Frauen nicht versteht
und nicht mit der Mode geht.
Dabei auch noch knausrig ist!
Was ein andrer nun genießt …

MÖRDERISCH GUADS

Messer, Gabel, Schere – Gift …

Willst du wen um die Ecke bringen,
kann das auf manche Art gelingen.
Wie man bei Hitchcock sieht und liest,
kaum Werkzeug da vonnöten ist,
weil vieles schon in Kinderhand
auf andre Weis' Verwendung fand.
Obwohl als Gegenstand getarnt,
den man wohl braucht, wird doch gewarnt
vor Messer, Gabel und auch Scher'.
Was jedes ziemlich harmlos wär',
würd' man's wie vorgesehn verwenden.
Nur *eins* davon in falschen Händen
kann mörderische Folgen zeigen!
Auch dass wir manchmal dazu neigen,
mit Worten jemand zu verletzen,
die Zungen wie die Messer wetzen,
kann man doch Mord – sprich: Rufmord –
                                    nennen!
Giftlisten braucht man nicht zu kennen,
weil oft schon das gesprochne »Gift«,
gezielt verspritzt, das Herzblut trifft.
Nicht nur ist es der Knalleffekt
»Pistolenschuss«, der niederstreckt.

So mancher hat, ganz unbedacht,
den Garaus selber sich gemacht
mit Gabel spitz und Messer scharf,
weil er mehr isst, als er grad darf.
Man sieht's, man ist für Leib und Leben
von vielgestaltgem »Mord« umgeben
und keiner weiß, ob es ihn trifft ...
Drum Vorsicht: Messer, Schere, Gift!
Wer keine Angst kennt, der ist dumm,
den bringt der eigne Mut oft um! –

Killing her softly

»Kurtiiii!« Bei diesem schrillen, ungeduldigen Schrei schrak der alte Mann aus seinem Ohrensessel auf, in dem er sich zu einem Nickerchen niedergelassen hatte. Er war müde, so müde – und jetzt wollte sie schon wieder etwas von ihm! Er zog seine Uhr aus der Westentasche. Natürlich, es war Zeit für ihren Tee.

Mühsam erhob er sich, klammerte sich hilfesuchend an der Tischkante fest. Es fiel ihm schwer, alles fiel ihm schwer. Seit drei Jahren war seine Frau Tilda bettlägerig und pflegebedürftig. Er tat ja alles, was er konnte, aber bald konnte er nicht mehr! Sie war eine so ungeduldige Patientin, immerfort forderte sie etwas von ihm. Er sollte ihr die Kissen aufschütteln. Die Einlage zurechtziehen, weil sie Falten warf, die sie drückten. Sie wollte ihre Bettpfanne, wovor er sich anfangs geekelt hatte, aber jetzt war auch diese Handreichung schon Gewohnheit für ihn geworden. Wenn sie nur einmal ein Lächeln für ihn übrig hätte, ein leises Dankeschön. Aber nichts, nichts. Nur Vorwürfe, heftige Anfeindungen, als wäre er schuld an ihrer Krankheit, ihrer Hinfälligkeit.

Wenn er ehrlich zu sich selber war, so war Mathilda auch in ihren gesunden Tagen keine besonders liebevolle Ehefrau gewesen, hatte ihn stets nur herumkommandiert. Nichts konnte er ihr recht machen, er war ihr nicht klug genug, verdiente nicht genug, half nicht genug im Haushalt. Alles an ihm war für sie ein Grund zu mäkeln, zu knurren und zu grollen. Sie musste hinter ihm herräumen, er war nachlässig in seiner Kleidung, dumm und faul. Andere Männer waren in jeder Beziehung wesentlich »effektiver«, genau das hatte sie zu ihm gesagt. Manchmal fragte er sich, wieso sie eigentlich geheiratet hatten, denn damit war er nicht nur vom Regen in die Traufe, sondern unter einen ganzen Wasserfall von Schmähungen und Beschimpfungen gekommen.

Dann war sie krank geworden, eine für ihn unklare Krankheit, denn eigentlich sah sie mehr oder weniger aus wie das blühende Leben! Sie war zwar unförmig und dick, ihre Haare hingen strähnig um ihr aufgedunsenes Gesicht. Sie hustete hin und wieder, was dann immer ein wenig gewollt klang. Aber er hustete auch, besonders nachts, wenn er kaum schlafen konnte, weil sie alle zwei bis drei Stunden nach ihm rief, dies und das und jenes wollte oder brauchte. Der Arzt hatte auf seine Fragen den Kopf geschüttelt. »Ihre Frau hat keinen Lebenswillen mehr.« Aber das sah Kurt nicht so. So viel Willen, wie es brauchte, um ihn zu schikanieren, hatte sie immer noch. Er selbst sah wesentlich kränklicher aus als sie, dürr und eingefallen. Seine Bewegungen waren mühevoll und langsam. Mit schlurfenden Schritten ging er nun in die Küche, hielt sich an den Kanten von Tisch und Schrank fest, um nicht zu stolpern oder gar zu stürzen. Ihren Tee, ja, den Tee.

Er kramte im Küchenschrank, holte ihre Tasse mit den blauen Tupfen heraus. Sie wollte nur diese und keine andere. Hoffentlich war noch genug von dem Ingwertee da. Er hatte vergessen, einkaufen zu gehen. Auch das fiel ihm immer schwerer, vor das Haus, über die Straße, in den Supermarkt, alles war so weit, so mühsam. Jetzt hatte er das Päckchen mit dem Tee gefunden. Zum Glück war noch etwas darin, für heute würde es reichen.

Wasser brauchte er noch, heißes Wasser. Er füllte die Tasse und leerte sie dann in den Wasserkocher. Nur keinen Tropfen zu viel erhitzen! Sie würde es ihm als Verschwendung ankreiden. Leise brummelnd und zischelnd fing das Wasser zu kochen an. Er musste den Kocher ausschalten, bevor Dampfwolken aufstiegen. Dampf ruiniert die Möbel, hatte Tilda immer gesagt. Vor allem Fettschwaden mussten vermieden werden! Sie hatte schon vor ihrer rätselhaften Krankheit lange nichts mehr gekocht, was Fettspritzer verursachte oder fettigen Dampf. Fertigkost gab es und jetzt hatte er für sie und für sich Essen auf Rädern geordert. Es schmeckte zwar gelegentlich nach Pappendeckel, aber er war's zufrieden. Sein Appetit war nur noch mäßig. Wieder hatte er ihr schrilles Kreischen im Ohr: »Wo bleibt mein Tee, du langweiliger Tropf. Ich habe Durst. Mach schon.

Kurt seufzte. Wenn nur endlich Ruhe wäre, heilige Ruhe. Da fiel ihm das Päckchen ein, das er hinter dem Brotkasten versteckt hatte und das ein weißes Pulver enthielt: Tildas Schlaftabletten hatte er zerrieben, ihr immer nur Schlankheitsdragees gegeben, die aber gegen ihr Körperfett wirkungslos blieben. Eigentlich hatte er die Schlaftabletten für sich selber aufgehoben. Weil er schlecht schlucken konnte in der letzten Zeit, hatte er das Mittel klein gemahlen, es dann jedoch nicht genommen, weil er sich nicht mehr an die Dosierung erinnern konnte. Einen gestrichenen Esslöffel voll wollte er jetzt im heißen Tee auflösen. Mit Bedacht kippte er das weiße Pulver in die Tasse, sah, wie es auf der Oberfläche schwamm, irgendetwas stimmte nicht. Es zersetzte sich nicht.

Da griff von hinten eine Hand nach der Tasse. »Na, Opa, willst du die Oma wieder mal vergiften?«

Erschrocken drehte Kurt sich um und sah befremdet den jungen Mann an, der hinter ihm stand. Wie kam der hier herein? Was hatte der in seiner Küche zu suchen?

»Hast du's schon wieder vergessen, Opa? Die Oma ist seit drei Jahren tot. Aber du hast sie nicht umgebracht. Das war der Krebs. Das Pülverchen da, das du jedes Mal in den Tee zu rühren versuchst, sind nur Mineralien. Die lösen sich nicht so leicht im lauwarmen Wasser auf. Aber jetzt mach ich dir eine schöne Tasse heißen Kaffee, den magst du doch so gern. Ein Stück Hefezopf habe ich auch dazu und dann machst du dir einen gemütlichen Nachmittag.«

Behutsam griff der junge Mann Kurt Wieland unter den Arm und führte ihn zurück zu seinem Ohrensessel, wo er sich mit einem erleichterten Seufzer niederließ. Kaffee und Kuchen. Gemütlicher Nachmittag. Das hörte sich so gut, so beruhigend an. Er lauschte. Von Tilda kam kein Laut. Wahrscheinlich schlief sie, nachdem er ihr das Schlafmittel in den Tee gerührt hatte. Hoffentlich schlief sie bald für immer.

Die Blutspur führt zum Hinterhof!

Es hatt' der Wirt vom »Jagerhof«
ein Weib, das war ein wenig doof.
Jetzt ist das zwar noch kein Malheur,
wenn sie nicht auch noch hässlich wär'!
Sie sagt: »Ich sehe das schon ein.
Dein Eheweib muss schöner sein!
Ich lass mich gerne operiern,
zahlst du mir dafür die Gebührn!«
Doch wie er hört, was dieses kostet,
holt' er die Büchse, die verrostet,
und ruft sich seinen Hausl her.
Dem drückt er in die Hand das G'wehr
und sagt: »Ich zahl dir gutes Geld,
schaffst du die Meine aus der Welt!
Ich spar dabei. Und du gewinnst.«
Der Bichler Waste aber grinst.
Er hebt die Flinte – und es knallt.
»Sie hat das Doppelte bezahlt!
Und nicht nur die paar Euro bloß!«
So ging der Schuss nach hinten los. –

Und die Moral von der Geschicht'?
Sooo doof war *sie* nun wieder nicht!
Weil sie doch jetzt die Wirtin ist
und dieses – mit dem Wast – genießt …

Staub

»Du, Mama, sag moi, stimmt dees,
was i vom Pfarrer ghört:
dass jeder Mensch, der gstorm is,
zu Staub boid wieder werd?«
Sie san in Urlaub gwesen,
in Unterdill am See,
und d' Mama konn de Frag jetzt
vom Buam ned recht versteh.

Da Maxl nickt ganz eifrig:
»Schaug unters Bett moi nei!
Da liegt an Hauffa Staub drunt,
muaß oana gstorbn sei!

Vielleicht ham s' aa oan umbracht?
Dem Koch, dem trau i 's zua!
Der hat so scharfe Messer!«
So überlegt da Bua.

»Und gsehng hast du doch sicher,
was auf da Kartn steht?
Hamburger gibt's und Wiener!
Naa, du, da bleim mia need.
Geh, pack doch glei die Koffer,
bevor's uns grad so geht!«

Ma soit nix herleihn

Zum Kastlbauern z' Unterlaus
kimmt neulings moi da Schwager raus.
Sagt: »Jackl, i hätt heut a Bitt,
gib ma dein schwarzen Anzug mit.
Woaßt scho, da Vater von da Vrone
is gestern gstorm, da oide Tone,
und moing um neune is de Leich.
Du woaßt, i bin ned bsonders reich,
dua mi scho ganz schee hart mi'm Zoin.
Da daadst ma fei an rechten Gfoin,
wennst ma dein schwarzen Anzug gaabst.
Fein waar i da scho raus, des glaabst!«

A guade Haut is er, da Jackl,
so packt er d' Hosn und as Sackl
in d' Plastiktüten ei fian Bene.
Dersell, der gfreit se da ned wene!

Drei Wochan gehngan scho ins Land.
Da Jackl wart no auf sei Gwand.
Ganz sakrisch duad er eahm da stinga!
So fahrt er endle rei auf Minga,
wo schnurstracks er zum Bene geht
und stellt sein Schwager glei zur Red:
»Was hast du mit meim Anzug gmacht?«
Da Bene weng verlegen lacht.

»Dei Anzug? Mei, du guada Mo,
den hat da Schwiegervater o!
Den konnst du wirkle nimmer ham.
Mit dem is doch da Oid begrabn!«

Der Schrei in der Dämmerung

Es war ein abgebrochener, kein erstickter Schrei, der die dünne Haut ihres Schlafes durchdrang. Ein Schrei, der so abrupt aufhörte, als hätte man dem, der ihn ausstieß, brutal mit der Faust auf den Mund geschlagen.

Noch bevor dieser Laut richtig in Julias Bewusstsein dringen konnte, bevor sie ganz wach geworden war, spürte sie ihr Herz wie einen Hammer in ihrer Brust pochen. Tak, tak, tak, schnell, stolpernd, fast ohne Rhythmus, gehetzt und entsetzt. Das Gefühl von Angst kroch über ihre Kopfhaut und in diesen Augenblicken wusste sie, was damit gemeint war, wenn man sagte: »Ihm standen die Haare zu Berge.«

Julia lauschte in die beinahe noch lichtlose Dämmerung, die durch die schmalen Schlitze der halbgeschlossenen Jalousien hereinkroch. Wer hatte da geschrien? Woher war dieser Schrei gekommen? War auf der Straße unten jemand in Not, überfallen worden? Oder waren da Geräusche in der Wohnung? Sie lebte nicht alleine. War ihrem Partner, der im anderen Zimmer schlief, etwas passiert? Hatte er den Schrei ausgestoßen? War es ein Schmerzensschrei gewesen?

Sie lauschte immer noch angestrengt, ihr Herzschlag hatte sich nicht beruhigt. Sollte sie hinausgehen, nachsehen? Wenn nun aber jemand in die Wohnung eingedrungen war, in diebischer Absicht etwa, und ihren Partner überwältigt hatte? Der Schrei klang ihr immer noch in den Ohren, obwohl es nur der Bruchteil eines Schreis gewesen war. Zerbrochen, wie ein morscher Stock, den man über dem Knie zerbricht. Wenn nur ihr Herz nicht so laut hämmern würde! Es kam ihr beinahe vor, als wäre es so laut, dass man es draußen in der Diele hören konnte, dass der Klang bis in die anderen Zimmer drang und dass derjenige, der vielleicht da war, nun auch wusste, dass sich noch jemand in der Wohnung befand, ihn gehört hatte.

Julia drückte beide Hände auf ihre Brust und richtete sich vorsichtig auf. Kein Licht, besser kein Licht. Der Strahl, der unweigerlich unten durch die Türspalte fallen musste, konnte sie verraten. Vorsichtig setzte sie beide Füße gleichzeitig auf den Teppich. Verhielt für Momente den Atem, lauschte. Nichts rührte sich. Oder doch? Hatte da nicht eine Diele geknarrt? Sie wusste genau, welche es war; die kurz vor der Eingangstür in der Nähe der Toilette. Beide kannten sie dieses knarrende Brett und beide vermieden sie es, darauf zu treten, wenn sie nächtens ins Bad mussten. Jetzt war es wieder still, totenstill. Kein Laut, kein Knarzen von Holz, kein Röcheln, kein Schrei. Langsam, langsam öffnete Julia ihre Zimmertür,

nur spaltbreit und immer gewärtig, sie sofort
wieder zuzuschlagen, den Schlüssel umzudre-
hen, wenn sich draußen irgendetwas rühren sollte,
etwas anders war, als es zu dieser nächtlichen
Stunde normal war.

Da, ein Laut! Ein gleichmäßiges Pochen in trä-
gen Abständen. Nein, das war nur der Wasser-
hahn vom Küchenspülbecken, der tropfte. Klack,
klack, klack. Er musste nicht richtig zugedreht
worden sein.

Mutiger geworden schlich Julia nun in die Diele,
ertastete den Lichtschalter. Die Flurbeleuchtung
flammte auf, grell, sodass sie für einen kurzen
Moment die Augen schließen musste. Wenn
jemand da war, dann hatte er jetzt die beste Gele-
genheit, einen stumpfen Gegenstand zu heben
und ihr auf den Kopf zu schlagen. Sie hielt den
Atem an – und stieß ihn dann langsam und vorsichtig wieder aus. Nichts war geschehen. Sie
stand allein in der Diele, barfuß, zitternd. Wobei
sie sich nicht ganz sicher war, ob vor Kälte oder
Furcht. Sie warf einen Blick auf die Eingangstür.
Die war geschlossen, die Kette lag vor. Hier war
also keiner hereingekommen. Beherzt schlich sie
nun an die Zimmertür von Jörg, hielt ihr Ohr an
das kühle weiße Holz. Von drinnen kam sein leises Schnarchen, unterbrochen von kurzen Pfeif-
tönen – seine »Nachtmusik«, derentwegen sie
auf getrennten Schlafräumen bestanden hatte. Er

lebte also noch, ihm war keine Gewalt angetan worden, ihn hatte kein Herzinfarkt, keine plötzliche Krankheit überrascht. Von ihm war der Schrei nicht gekommen. Und er hatte nichts gehört, ihn hatte nichts aufgestört.

Julia entschloss sich nun zur Inspektion der übrigen Wohnung. In die Küche hatte sie im Vorbeischleichen schon hineingesehen. Das kurze Aufflammen der Wohnzimmerbeleuchtung zeigte ihr an, dass hier ebenfalls alles in Ordnung war. Ein Rütteln an der Balkontür bewies ihr, dass diese geschlossen war. Keine Fensterscheibe war zerschnitten, um eventuell den Griff von außen umdrehen zu können. Nur die Heizung war noch voll aufgedreht und summte und knackte leise vor sich hin. Julia stellte den Regler auf Nachtbetrieb. Auch hier keine Ursache für den Schrei, den zerbrochenen Schrei, der sie aus dem Schlaf aufgestört hatte.

Im Bad war ebenfalls alles normal, der Raum war überdies viel zu klein, als dass sich hier jemand wirklich hätte verstecken können. Und wenn, wie wäre er hereingekommen?

Julia ging zurück in ihr Zimmer und kroch wieder in ihr Bett. Ein Blick auf die Leuchtziffern ihres Weckers zeigte ihr, dass sie noch über eine Stunde Schlaf guthatte. Hoffentlich konnte sie weiterschlafen!

Es gelang ihr nicht, diesen Schrei aus ihren

Gedanken zu zwingen. Was war das gewesen? Wer schrie so? War doch etwa draußen auf der Straße ...? Sie war nicht auf den Balkon getreten, hatte sich nicht überzeugt, ob nicht dort unten jemand in Not war. Und wenn? War sie dann ganz alleine von diesem Schrei aufgewacht? Hatte ihn niemand anderer gehört? Ging sie das etwas an? Sicher war es jetzt sowieso zu spät ...

Wahrscheinlich hatte sie selber geschrien. Da war doch ein Traum gewesen, ein etwas verworrener Traum. Langsam erinnerte sie sich. Sie war mit hochhackigen Schuhen über Felsen geklettert. Es waren keine spitzen Felsen gewesen, sondern Steine wie aufgeschichtete Käselaibe. Ziemlich hoch und schwierig zu ersteigen. Warum sie dort hinauf musste? In diesen roten, zierlichen Sandaletten? Dann war Wasser da gewesen, klares, tiefes Wasser und keine Möglichkeit, ans andere Ufer zu kommen. Sie hatte etwas gesucht. Was? Wen? Heiß war es gewesen, die Steine, die käselaibigen Steine glühten beinahe und verbrannten die dünnen Sohlen ihrer roten Sandalen. So ein verrückter Traum! Sie sollte jetzt wirklich noch ein wenig schlafen. Morgen würden ihr diese verwachten Stunden fehlen, sie müde machen!

Dann war er plötzlich wieder da, dieser Schrei! Und er passte in ihren Traum, wie das letzte Stück eines Puzzles. Sie war erneut in der felsigen Landschaft aus runden Steinen, die wie Käselaibe aussahen. Da kam ein Schatten auf sie zu. Kein menschlicher Schatten. Etwas schlich auf leisen Sohlen, drohend, eine Gefahr, die sie noch nicht erkennen konnte. Sie fühlte nur die Nähe von etwas Unheimlichen. Sie suchte nach einer Fluchtmöglichkeit, aber da waren nur Steine, flache, runde, große Steine. Ihre Füße in den leichten Sandalen mit den hohen Absätzen knickten um, sie spürte einen stechenden Schmerz im Knöchel. Der See, der klare, tiefe See! Vielleicht war dort die Rettung? Das Wasser glitzerte in der prallen Sonne, Lichtreflexe tanzten auf der spiegelnden Fläche, die ruhig lag, ganz ruhig und keineswegs einladend aussah. Es war, als wäre der ganze See aus Glassplittern. Glas, das ihre Haut aufritzen, zerreißen, in Fetzen reißen würde, als wäre sie aus Seide, glatter, kühler Seide.

Dann drang ein Fauchen an ihr Ohr. Es war da. Es war nahe. Gleich würde es zum Sprung ansetzen, seine Krallen in sie bohren, sie zerfleischen. Blut! Blut! Ihr eigenes Blut färbte den See rot.

Da war er wieder, der Schrei, der zerbrochene, abgebrochene Schrei! Gleich darauf ein Fauchen, ein Zischen, ein Jaulen und erneutes Schreien. Kalte Krallen, die sich in warmes Fleisch bohrten.

In der Anlage vor Julias Schlafzimmerfenster balgten sich ein paar Katzen. Es war Ranzzeit.

's Fernsehn is schuld

Gestern ham s' 'n abghoit,
an Päda vom Nachbarhaus.
Mit da Funkstreife san s' kemma,
zwoa Polizisten hamman aus'm Haus gführt.

»'s Fernsehn is schuld!«,
hat d' Geierin vom Parterre gsagt
und mit'm Kopf gschüttlt.
»Grad as Fernsehn is schuid!«

Wia er drei, vier Jahr oid gwen is,
da Pädal vom Nachbarhaus,
hat 'n sei Muatta vor den Kasten higsetzt,
damit er a Ruah gibt.

Und d' Leut ham glacht,
wenn er mit ihr beim Eikaffa war
und Werbesprüch herplappert hat,
die er im Fernsehn ghört hat.

Wia er zehne war,
hat er amoi oan von seine Klassenkameradn
an Kinnhakn gebn,
dass der a ganze Zeitlang bewusstlos war.

Mit zwölfe is er ganga
wia da Big John von High Chaparral,
und am Lutschersteckerl hat er rumkaut
wia da Kojak.

Überhaupt is 's da as erste Moi gwesen,
dass manche Kellertür aufbrochn war
und da und dort was gfehlt hat:
oide Lautsprecher, Lampenschirm und so a
Glump.

Koana hat sagn könna, wer's war,
denn solchene Bürscherl
rennan mehra rum bei uns in da Siedlung,
dene ma des zuatraun daad.

No a weng später warn de Radlreifn dastocha,
durch's Gitter durche vo da Garasch.
Und am Mercedes vom Degler
war da Stern abbrochn.

Auf d' Nacht derf ma se eigentle
gar nimmer recht außetraun,
aa wenn mia ned
in de Straßen von San Francisco wohnan.

Zigarettenautomaten san knackt.
's Motorradl vom Weber
war zwoa Dog verschwundn.
Beim Rewe ham s' in d' Auslag gschossn.

Wenn da Vatta vom Päda hoamkemma is,
hat er se mit seim Bier vorn Fernseher highockt,
und wenn da Bua mit eahm reden woit,
hat's ghoaßn: »Lass mir mei Ruah!«

Gestern ham s' 'n abghoit,
an Päda vom Nachbarhaus.
Bis jetzt woaß no koana, warum.
Aber da Derrick werd's scho rauskriang!

Vom richtigen Dreh

»Mei Bua«, sagt da Baumann-Vatter,
»is a ganz a odrahta!«
»Dees konn i eahm hidrahn, so oft i wui,
er muaß oiwei ogeem
und aufdrahn wia ned gscheid!
Und odrahn lasst er se aa oiss.
Mia dean jeden Groschen umdrahn,
hin- und herdrahn.
Da wer i eahm boid an Geldhahn abdrahn!
Und dann is zuadraht!«